# POSSIBILITÉ

## DE

# COLONISER ALGER,

OU

# MÉMOIRE

DANS LEQUEL ON DÉMONTRE

LES 'AVANTAGES INDUSTRIELS QUE LA COLONISATION

## DU TERRITOIRE D'ALGER

PROCURERAIT AUX CULTIVATEURS ET A LA FRANCE.

**PAR J. ODOLANT-DESNOS,**

Ex-payeur-adjoint de l'armée d'Afrique, secrétaire de la Société d'économie de Paris, chargé de recueillir des observations sur l'agriculture des environs d'Alger.

# A PARIS,

**CHEZ G.-A. DENTU, IMPRIMEUR-LIBRAIRE,**

RUE DU COLOMBIER, N° 21;

ET PALAIS-ROYAL, GALERIE D'ORLÉANS, N° 13.

## 1831.

# POSSIBILITÉ

# DE COLONISER ALGER.

La position pénible de l'armée d'Afrique, Introduction. épuisée par les fatigues de la campagne, ainsi que les troubles politiques de l'intérieur de la France, ont nécessairement fait suspendre jusqu'à présent, tout projet d'administration relatif à notre conquête d'Alger, et jeté l'ancien et le nouveau ministère dans une prudente indécision sur la solution des trois questions suivantes :

1° Est-il possible de se rendre maître d'une partie suffisamment importante de l'intérieur du territoire d'Alger et de s'y maintenir?

2° Par suite de la conquête de ce pays, sera-t-il possible d'y former des établissemens et de le coloniser ?

3° Peut-on espérer de coloniser *utilement* cette contrée?

L'instant de résoudre ces questions et de prendre définitivement un parti sur ce pays, paraissant enfin arrivé par suite des nouvelles victoires de notre armée, nous croyons qu'il est aussi de notre devoir particulier de publier les observations que nous avons été à même de recueillir sur les lieux, de relever des erreurs qui pourraient avoir plus tard de fâcheuses influences, et de faire connaître notre manière de voir sur la solution de ces trois questions.

*Première question.* Il ne nous appartient pas de chercher à résoudre la première, qui est toute militaire, seulement nous dirons qu'elle n'a jamais été mise en doute par aucun tacticien courageux et habile connaissant le pays. Cependant, pour arriver à un but profitable dans cette conquête, il ne nous semble pas qu'on dût sillonner cette partie de l'Afrique par des victoires inutilement sanglantes. L'Arabe, il est vrai, est insolent et audacieux, quand il croit que la crainte arrête devant lui son ennemi; mais que cet ennemi s'avance, qu'il soit en réalité supérieur au peuple du désert, ou par le courage, ou par l'armement, ou par l'un et par l'autre, sans considération de nombre, comme l'était avant notre arrivée la milice turque, et comme le sont nos troupes aujourd'hui; alors les Kabyles et toutes les peuplades du grand et du petit Atlas fuiront, et iront chercher un asile assuré dans leurs montagnes ou dans le désert.

Nous trouvons une preuve frappante de ce caractère des Arabes dans la malheureuse et première expédition de Bélida. En effet, M. de Bourmont, trop confiant dans la parole d'un chef africain, ose s'avancer jusqu'à cette ville sans artillerie, et seulement avec douze cents hommes d'infanterie et deux compagnies de cavalerie. D'abord nous y sommes reçus avec tous les témoignages d'amitié ; mais à peine a-t-on commencé le repas, gage de la paix, que bientôt des cris de guerre se font entendre, et le général en chef voit fondre sur lui une nuée de douze ou quinze mille Kabyles. Alors retrouvant aussitôt en lui l'énergie du courage, il fait passer dans le cœur de chacun de nos soldats le sentiment de sa propre conservation, et en peu de temps, au milieu, pour ainsi dire, de nos ennemis, l'ordre se rétablit, et notre retraite sur Alger s'effectue aussi promptement qu'il est possible de le faire sans nuire à la sûreté du bataillon. Cette retraite, on le croirait, a dû être des plus meurtrières ; cependant elle ne le fut presque pas ; et si, au lieu d'un seul bataillon, il se fût trouvé à Bélida un régiment complet et deux ou trois pièces d'artillerie, cette nuée d'Arabes, quelque considérable qu'elle fût, se serait dissipée avec la promptitude de l'éclair, puisque le feu de nos soldats

Preuve de notre supériorité sur les Arabes.

Affaire de Bélida.

et les sabres de nos cavaliers suffisaient pour les tenir à une distance tellement grande, qu'il n'y eut de blessés parmi les nôtres que les malheureux surpris au commencement de l'affaire, comme M. de Trélan, ou les traînards, et quelques vivandiers. Ce résultat d'une heureuse opposition contre une si grande quantité d'ennemis, ainsi que la dernière victoire remportée par le général Clausel sur le bey de Titteri, prouvent donc combien peu ces Arabes sont à craindre, malgré un certain courage, et combien il nous sera toujours facile, au premier ordre, de les repousser jusque derrière le petit Atlas, où l'on pourrait les maintenir, au moyen de quelques postes et redoutes habilement placés de distance en distance en cordon, le long de la cime de cette chaîne de montagnes. Précaution qui, du reste, sera probablement toujours indispensable, comme doit maintenant en être certain le général Clausel, pour conserver les terres en toute sécurité, quoique nous possédions les places de Bélida et Médéah, regardées, pour ainsi dire, comme les clefs de la plaine de Mitidjiah.

*Seconde question: Le pays est-il habitable pour des étrangers?* Quant à la seconde question, de savoir si le pays est habitable pour les Européens, et si l'on peut le coloniser, elle n'est pas douteuse pour celui auquel il fut permis d'admirer le ciel pur de ces contrées, d'y noter pendant un séjour de trois mois une chaleur régulière de 3o à 42 degrés centigrades, et d'y reconnaître combien la possession d'un pareil territoire serait précieuse pour un agriculteur.

Cependant quelques accidens plus ou moins Accidens exagérés. imprévus, transmis avec une trop malheureuse exagération, étant venus jeter en France une assez grande défaveur sur ce pays, voyons en réalité jusqu'à quel point sont redoutables ces accidens, qui se sont bornés à certaines maladies et à des assassinats.

Doit-on considérer la triste position maladive Maladies. dans laquelle s'est trouvée notre armée, comme une preuve de l'insalubrité du pays? C'est à quoi je répondrai négativement; car en exposant à un changement de climat et de nourriture de jeunes soldats, en les fatiguant outre mesure, sans qu'ils y fussent habitués, au travail de la tranchée sous un ciel brûlant, en leur imposant des corvées journalières auxquelles ne pouvaient tenir les hommes les plus robustes, et en ne leur donnant pas à temps, faute d'en avoir les moyens, les soins curatifs que pouvait exiger leur état dès qu'ils tombaient malades, je soutiendrai que l'on devait s'attendre aux tristes résultats qui désolèrent notre armée, et que l'on a le droit de s'étonner de n'avoir pas vu la mortalité sortir davantage des bornes proportionnelles relatives aux masses ainsi accumulées sur un très-petit espace. Or, d'après même ce pénible résultat, j'ose affirmer, et tout médecin qui a vu le pays sera de mon avis, que l'on peut y porter ses pénates sans aucune imprudence.

Espoir de santé pour le colon. En effet, le colon n'étant plus dans la position fâcheuse du soldat campé, ne sera plus par conséquent exposé sous la tente à l'humidité extraordinaire des nuits, ni forcé par la fatigue de boire outre mesure de l'eau des fontaines, ou de manger en trop grande quantité des fruits très-rafraîchissans, que ne peut supporter un estomac qui n'y est pas habitué; au contraire, il se trouvera logé dans une bonne maison, bien nourri, faisant la sieste pendant les quatre heures des grandes chaleurs, et ne travaillant le reste du jour qu'à sa force. Aussi, par suite d'un tel régime, sous ce ciel magnifique, son état sanitaire doit nécessairement être parfait.

Pourtant, je ne prétends pas que l'étranger, malgré tous les soins, en arrivant dans ces contrées, ne doive pas éprouver quelques maladies. C'est le résultat indispensable de tout changement de climat, c'est un tribut imposé par la nature en échange des richesses qu'elle vous offre. Ces maladies, je les connais, puisque je suis encore actuellement poursuivi par l'une d'elles, jusqu'après mon retour au sein de ma patrie. Mais nous ne les devons qu'aux seules causes précédemment indiquées; et si nous eussions pu nous donner les soins hygiéniques nécessaires, on ne pourra nier que nous eussions évité presque tous, la plupart des accidens qui ont assiégé l'armée. C'est tellement vrai, que les personnes ayant été dans la possibilité de soigner suffisamment leur santé, l'ont parfaitement conservée. Or, ces maladies et les fatigues que font naître les excès seulement, ne sont donc pas si à craindre qu'on pourrait le croire, et ne peuvent être présentées comme un empêchement sérieux à la colonisation d'Alger, quoi que puisse en dire M. A***, dont la brochure qu'il vient de faire imprimer n'aura pas, nous l'espérons, d'influence fâcheuse pour la France et pour l'Afrique sur le ministère actuel.



Les assassinats commis par les Bédouins ne sont pas plus à craindre : ce sont ceux d'une troupe de brigands parcourant un pays, et inspirant, quelle que soit sa faiblesse, une juste frayeur sur le voyageur isolé. Mais le nombre de ceux ainsi frappés aux environs d'Alger a encore été beaucoup trop exagéré en France; et si M. Amoros, si le colonel du 4ᵉ léger, si un officier payeur, et si quelques soldats sont tombés isolément sous le fer assassin, il ne faut en accuser que leur imprudence, qui les tenait trop éloignés de leurs drapeaux, à une époque où rien ne nous donnait l'assurance des intentions pacifiques des campagnes. Du reste, ces faits de peu d'importance, puisqu'ils sont peu nombreux et isolés, disparaîtront lorsque des routes tracées dans l'intérieur du territoire permettront d'y établir de distance en distance, comme sur le petit Atlas, des redoutes et des postes militaires, pouvant à tout instant maintenir l'ordre, et faire respecter et craindre tout ce qui portera le nom de Français. Alors l'Arabe n'osant plus devenir assassin, fuira devant la civilisation, ou s'attachera au sol avec nous.

*Parties de territoire cultivables.*

Ayant dissipé, je le suppose, la mauvaise opinion que ces accidens avaient fait concevoir en France contre ce pays, voyons maintenant quelles sont les contrées du territoire d'Alger méritant le plus de fixer l'attention et étant les plus propres à coloniser. D'abord, nous trouvons les monticules placés autour de la ville, puis la plaine magnifique de Mitidjiah, dont la fertilité extraordinaire et unique était universellement connue, avant même qu'on sût, pour ainsi dire, exactement où elle était située : cette plaine de trois ou quatre lieues de large sur une vingtaine de long, est limitée par la mer, par le pied du petit Atlas, et par les rivières l'Arache et Maza-fran; outre cette plaine, on pourrait cultiver aussi celles de Bonne et d'Oran, et plus tard peut-être les environs de Constantine et les plaines au nord du grand Atlas.

Le sol de la partie de ces contrées qu'il nous Nature du sol. a été possible de reconnaître, c'est-à-dire depuis la tour de Sidi-el-Ferruch jusqu'aux murs d'Alger, est généralement léger, sabloneux, à grains plus ou moins schistoïdes et micacés, parmi lesquels on aperçoit aussi en très-petit nombre, et suivant les localités, des grains calcaires, sans que la superficie de la terre indique la moindre trace de la roche première d'où ils ont été détachés. Cependant, dès notre débarquement, nous eûmes la certitude de l'existence aux environs d'une carrière de pierre calcaire, car nous vîmes un four à chaux construit au pied du monticule de l'habitation de l'ancien marabout. La roche, en effet, se trouve, à fort peu de distance de ce four, placée sous des roches primordiales de micaschistes; mais plus loin, dans la plaine qui s'étend jusqu'aux bases du petit Atlas, le sol, comme s'en est assuré M. Rozet, est plus ou moins calcarifère; de sorte que les colons pourraient partout, et facilement, se construire des maisons.

Rareté des bois. Pourtant, il ne faut pas se dissimuler que, dans certaines localités, ces constructions resteront forcément très-mesquines pendant plusieurs années, c'est-à-dire jusqu'à l'instant où des routes permettront le transport des bois d'un lieu dans un autre. En attendant, il faudra que le colon se contente, pour bâtir sa chaumière, des tiges des aloës ou agaves, qu'il emploiera comme chevrons et solives, usage généralement adopté par les indigènes et par les Espagnols ; car les forêts sont rares aux environs d'Alger ; et des murs de cette ville aux pieds du petit Atlas, on ne connaît guère que la forêt magnifique placée à l'embouchure de l'Arache ; mais, malgré cette rareté des bois de construction, le combustible est fort commun ; et le cactus ou figuier de Barbarie, nous le fournissait en grande quantité.

Aspect de la végétation. Déjà l'on connaît en Europe la végétation de toute l'ancienne régence d'Alger : son activité, que l'on ne peut mettre en doute, est des plus surprenantes ; et en l'admirant, on serait porté à croire que le sol a été fait exprès pour le ciel, et le climat pour la terre. Aussi les plantes des pays les plus éloignés les uns des autres s'y rencontrent ; et rarement, je le pense, la nature à l'état sauvage pourra offrir un coup-d'œil plus délicieux et plus enchanteur que celui que présentait, à notre arrivée, le taillis de Staouéli : il réunissait pour tapis le myrte et le précieux lentisque des anciens, et pour bosquets le citronier, l'oranger, le grenadier, le laurier-rose et une foule d'autres arbustes dont on peut juger par analogie, et qui tous, se trouvant avoir leurs fleurs épanouies, répandaient dans l'atmosphère l'odeur la plus suave.

C'est aussi, dirigé par cette même analogie, que l'on doit cultiver ce terrain ; car il est indispensable que le colon s'applique à lui demander ou quelques plantes qui ne s'y trouvent qu'éparses çà et là, ou celles croissant dans un sol et sous un climat analogue. Ainsi, sans parler de toutes celles d'Europe, ou du moins du midi de la France, croissant naturellement dans ces contrées, et qu'il sera bon de continuer à y cultiver pour les besoins des ménages, il sera utile surtout de chercher à y importer et acclimater la plupart de celles de nos colonies, tant des Antilles que des îles de France et de Bourbon. On pourra donc essayer ou continuer à cultiver :



Dans les bas-fonds et terres humides,

Le giroflier, muscadier, vanillier, cacaoyer, riz, trèfle, et plusieurs herbes nourrissantes pour prairies.

Dans les fonds secs et sabloneux de la plaine
de Mitidjiah,

Le blé, canellier, manioc, arbre aux quatre
épices, ignanie, rocou, pois du Cap, haricots,
sainfoin, luzerne, et autres prairies artificielles;

L'indigo, variétés *anil* et *nerium tinctorium;*

La canne à sucre, qui assurément offrirait de
très - grands avantages, étant exploitée par les
moyens mécaniques et chimiques empruntés à
la science en Europe;

Le coton, qu'il faudrait cultiver avec une telle
économie et égrainer par de tels moyens mécaniques, que nous ne soyons plus obligés d'occu-
per à ces travaux une foule de bras qui empê-
chent les bénéfices : alors nous ne serions plus
pour cette denrée tributaires de l'étranger.

Sur les bords de la mer,

Les cocotiers, pommes-de-terre et patates.

Sur les monticules, depuis Sidi-el-Ferruch jusqu'à Alger,

Le poivrier, thé, songes, ambrevade pour re-
faire spécialement les terres fatiguées;

Le cafeyer, dont l'usage de la fève est devenu
un besoin universel;

Et le cactus-nopal, pour l'éducation de la co-
chenille.

Enfin, c'est surtout sur la cime des monticules

et des montagnes que, suivant nous, dans ce pays, devra se porter particulièrement l'attention de l'agriculteur, et par suite celle du gouvernement; car si les forêts, comme nous l'avons dit, sont rares dans ces contrées, il est de la plus haute importance pour le bien-être à venir de la nouvelle colonie, que, dans quelques années, on puisse y trouver de l'ombre et du bois partout où l'on pourra en placer sans nuire aux cultures des coteaux ou de la plaine. C'est un besoin dans un pays aussi chaud, et c'est un abri nécessaire et rafraîchissant que réclament, pour réussir, plusieurs des végétaux précédemment indiqués.

En formant ces forêts, il serait permis de mettre à exécution, avec les plus hautes chances de réussite, l'ancien projet d'acclimatation d'arbres exotiques de l'un de nos plus entreprenans horticulteurs, M. Soulange-Bodin; alors on verrait s'approcher de l'Europe les arbres qui en sont les plus éloignés. Ainsi, l'on pourrait composer ces forêts des arbres suivans, dont plusieurs produisent des fruits bons à manger, et à l'ombre du feuillage desquels il serait utile d'essayer en même temps de semer et de faire croître la salsepareille et quelques variétés d'indigo.

Ces arbres et arbustes sont:

Le tectona-grandis, benjoin, imbricaria, tacamaka; mimosa-lebeck, abri spécial des cafeyers; bois de Maho, bois de pomme, bois rouge, bois blanc, bois tan, les arbres à lait, les arbres à suif, campêche, bois d'aigle, manguier, bananier, cocotiers, dattiers, hévy, bancoulier, sagoutiers, vacoa, arcquiers, papayer, cardamone, noyer de Bancoul, latanier, areca Madagascariensis, anona squamosa, bibacier, terminalia catappa, casnarina, ouatier, artocarpus incisa, sapan, eugenia sandal, jarcinia, euphoria, laurus persea, camphrier, tamarinier, ravensara, oranger, gouyavier, piment, rimasocchus, citronier, letchy, cactiers, figuiers, ananas, grenadier, pignon d'Inde, chênes, ormes, frênes, hêtres, et tous les arbres des forêts d'Europe.

Et parmi les arbres et arbustes fruitiers d'Europe,

Les pommiers, poiriers, coignassiers, pruniers, pêchers, amandiers, cerisiers, abricotiers, sorbiers, cormiers, mûriers, oliviers, vignes, groseillers, framboisiers.

*Résultats à espérer de la culture.* Comme il est inutile de grossir cette liste de la foule innombrable des végétaux qui pourraient croître sur le territoire d'Alger, si l'on en juge par analogie, voyons à quel point la culture de ces plantes serait avantageuse, afin de répondre à la troisième question, dont la solution influe essentiellement sur celle des précédentes; car tout travail voulant salaire, ou, suivant le langage commercial, toute mise de fonds devant produire un revenu quelconque, il est certain que si la colonisation, qui formerait un ou plusieurs départemens annexes de la France, comme celui de la Corse, devait être onéreuse à la métropole, il faudrait y renoncer, et s'en tenir à la simple conservation des ports situés sur le littoral de la Méditerranée, offrant, en cas de guerre maritime, des refuges assurés à nos vaisseaux, résultat immense qui, à lui seul, aurait pu donner lieu à l'expédition. Mais cherchons, en supposant que l'on coloniserait l'intérieur du pays, quel serait l'avantage que pourraient y trouver notre gouvernement et les colons ou entrepreneurs qui se livreraient au défrichement et à la culture de ce territoire.

La propriété immobilière ne coûtant rien et étant inculte, ne peut entrer en ligne de compte, et sa concession gratuite donne seulement au gouvernement le droit de prélever sur elle un impôt foncier au moins aussi considérable que celui qui pèse sur les terres en rapport; car le preneur n'ayant pas mis dehors de capital d'achat, il n'a pas par conséquent à payer ou à prélever l'intérêt de ce capital.

Etendue des terres cultivables.

L'étendue des terres de la régence pouvant être mises en culture est fort grande; car si nous supposons à la plaine de Mitidjiah une soixantaine de lieues carrées, autant à la plaine de Bonne, et une vingtaine à celle d'Oran, nous aurons en terres défrichables, outre l'espace réservé pour les routes et les habitations, plus de trois cent cinquante mille hectares : et si l'on parvient à cultiver au-delà du petit Atlas, il y aura des millions d'hectares de terres cultivables. Mais pour marcher toujours par analogie et par comparaison, nous n'admettrons en culture d'abord qu'un espace de terre semblable à celui de l'île Bourbon, s'élevant à cinquante-quatre mille cent quarante-huit hectares, pour lesquels il faudra 27,074 individus cultivant au plus, à la manière coloniale, chacun deux hectares seulement.

Où trouver les colons?

Quant à cette population nécessaire à la mise en culture de ce terrain, elle est facile à trouver; car au moindre appel on verrait s'empresser d'accourir à Marseille, pour être transportés en Afrique, les 60,000 émigrans qui chaque année sortent de la Suisse, de Bade, du Wurtemberg, du Palatinat, de Landau, de la Souabe, de Wissembourg, et même de l'Alsace, pour aller chercher fortune au hasard dans les Etats-Unis d'Amérique, au Brésil, ou dans des colonies à peine

existantes, et souvent fondées sur de folles uto-
pies; et ces émigrés, froids et très-bons travail-
leurs, ne peuvent faire craindre les défauts re-
prochés par M. A*** aux colons français d'Amérique et des Indes, presque tous anciens habitans
efféminés des villes.

Le transport et le placement de ces 27,074 individus sur le territoire à exploiter, pourraient
avoir lieu ou à leurs frais, ou aux frais du gouvernement, ou à ceux d'entrepreneurs conces-
sionnaires.

Le gouvernement ne pouvant se mêler d'un
pareil détail, la prudence lui défendant de jamais se livrer aux hasards des opérations com-
merciales, ces individus devraient donc s'établir
ou à leurs frais ou à ceux d'entrepreneurs. Dans
tous les cas, il faut que les uns et les autres cal-
culent le capital indispensable à l'établissement
de chaque individu. Nous pensons que ce capital
doit s'élever à près de 1500 fr. par tête, et, par
la suite peut-être, même par ménage; savoir :

Transport maritime et séjours. . . . . . 100 fr.
Cheval acheté sur les lieux. . . . . . 200
Bœuf acheté de même. . . . . . . . 80
Ane, *dito*. . . . . . . . . . . . . . . 20
Vache, *dito*. . . . . . . . . . . . . . 50
      *Porté à l'autre part.* . . . . . . 450

*Transport des colons.*

*Premiers frais d'établissement.*

$$\text{Report.} \ldots \ldots \ldots \quad 450$$

Cochon, *dito.* . . . . . . . . . . . 10

Chèvre et chevreau, *dito.* . . . . . . 10

Mouton et brebis, *dito.* . . . . . . . 20

Charrues, pelles et instrumens divers. 110

Armes et munitions. . . . . . . . . . 40

Habillement, matelas, couvertures et meubles. . . . . . . . . . . . . . . . 260

Tente ou habitation provisoire et construction définitive. . . . . . . . . . . 600

$$\text{Total.} \ldots \ldots \ldots \quad 1500\,\text{fr.}$$

Il résulte donc que le capital employé pour les premiers frais d'établissement de ces 27,074 individus s'éleverait à-la somme de 40,611,000 f., pour l'intérêt de laquelle il faudrait chaque année obtenir un revenu net au moins de 2,030,550 fr.

Salaire des colons. Ces individus pourront vouloir fournir leur travail à la colonie à deux conditions, ou à la part, ou moyennant un salaire annuel.

Mais plusieurs de ces émigrans, comme nous avons eu souvent occasion de nous en assurer par nous-même, préférant un salaire fixe sans courir les chances d'un bénéfice éventuel, on pourrait leur offrir le prix de la dépense annuelle d'un esclave à l'île Bourbon, c'est-à-dire 365 fr., et en outre la nourriture; ce qui serait accepté par tous ces malheureux, que le désespoir de la misère force à émigrer. Le tableau suivant des dépenses et des recettes résultant de la culture de l'île Bourbon, prouvera par analogie que l'on peut offrir ce salaire.

Culture des denrées tropicales.

*Résultat analytique de la culture à l'île Bourbon, et que l'on peut espérer obtenir à Alger.*

| Substances cultivées. | Hectares de terres occupées. | Produits rendus bruts. | Valeur de ces produits. | Produits par 1 hectare. | Valeur des produits de 1 hectare. | Nombre des esclaves occupés, à . pour 2 hectares. | Prix coûtant de ces produits, au prix de 365 f. par 1 esclave. | Bénéfice net des cultures. | Pertes dans les cultures. |
|---|---|---|---|---|---|---|---|---|---|
| | hectares. | kilos. | francs. | kilos. | francs. | | francs. | | |
| Riz . . . . . . . | 1,652 | 2,373,000 | 1,067,850 | 1,436 | 646 | 826 | 301,490 | 766,360 | » |
| Blé . . . . . . . | 2,400 | 813,500 | 366,075 | 339 | 152 | 1,280 | 438,000 | » | 71,925 |
| Maïs (1). . . . | 32,100 | 14,430,000 | 3,463,200 | 449 | 107 | 16,050 | 5,808,259 | » | 2,345,059 |
| Manioc . . . . . | 1,327 | 2,106,000 | 421,200 | 1,586 | 317 | 663 | 242,177 | 179,023 | » |
| Patates et p. de t. | 1,429 | 1,866,000 | 559,800 | 1,305 | 391 | 714 | 255,792 | 302,008 | » |
| Ignames. . . . . | 200 | 93,000 | 13,950 | 465 | 69 | 100 | 36,500 | » | 22,550 |
| Songes . . . . | 222 | 623,200 | 93,480 | 2,807 | 421 | 111 | 40,515 | 52,965 | » |
| Haricots et pois. | 529 | 354,700 | 124,145 | 670 | 234 | 264 | 940,012 | 28,103 | » |
| Ambrévades. . . | 168 | 399,000 | 59,850 | 236 | 356 | 84 | 30,660 | 29,190 | » |
| Canne à sucre (2) | 2,300 | 6,995,000 | 4,896,500 | 3,040 | 2,128 | 1,150 | 419,750 | 4,476,750 | » |
| Arack. . . . . . | » | 114,000 | 684,600 | 49 | 297 | » | 136,591 | 548,009 | » |
| Cafeyers. . . . . | 5,800 | 1,437,000 | 3,592,500 | 247 | 619 | 2,900 | 1,058,500 | 2,531,000 | « |
| Girofliers . . . . | 4,600 | 297,400 | 1,487,000 | 64 | 323 | 2,300 | 830,500 | 647,500 | » |
| Muscadiers . . . | 16 | 565 | 5,650 | 35 | 353 | 8 | 2,920 | 2,730 | » |
| Cotonniers (3). . | 950 | 28,750 | 57,500 | 3 | 6 | 475 | 173,375 | » | 115,875 |
| Cacaoyers. . . . | 76 | 23,200 | 23,200 | 305 | 305 | 38 | 13,870 | 9,330 | » |
| Jardinage. . . . | 379 | » | 249,600 | » | » | 191 | 69,715 | 179,885 | » |
| Produit des best. . . . . . . . . . . | | 2,815,696 | Nourriture des colons. . . . . . . . | | | | 2,815,696 | 9,755,853 | 2,555,409 |
| | 54,148 | | 19,981,796 | | | | 12,777,352 | 2,555,400 | |
| | | | | | | | | 7,200,444 | |

(1) Si l'on trouve perte sur le blé et sur le maïs, c'est parce qu'on les cultive à la bêche, ce qui emploie beaucoup trop de bras.

(2) Les bénéfices sont portés trop haut; car l'absence de mécaniques rend à l'île Bourbon l'extraction du sucre beaucoup trop coûteuse, et y demande trop de bras.

(3) L'absence de mécaniques à l'île Bourbon fait que, pour le nétoiement du coton, il faut beaucoup trop d'ouvriers, et il ne s'y vend pas assez cher. Du reste, nous ferons observer que la culture de la plupart de ces plantes pourrait également s'opérer par des instrumens ou machines mues par des animaux, devenir ainsi beaucoup moins dispendieuse, et donner par conséquent un chiffre net plus considérable.

Je comprends ici, dans le prix de culture, et comme dépenses forcées:

1° Pour entretien et nourriture des noirs, animaux, machines et instrumens, suivant M. Pajot, 20 fr. par tête d'esclaves. 2° Pour nourriture des vieillards, enfans, blancs, hommes libres et autres charges, d'après M. Thomas, 93 fr. 3° Intérêt du prix d'achat de la tête d'esclave, estimé 2000 fr. à 5 pour cent, et toujours oublié en ligne de compte, 100 fr. 4° Intérêt à 5 pour cent, et d'après le même savant, de 165,198,000 fr., capital de la valeur foncière de 54,148 hectares cultivés, estimés 3,050 fr. l'hectare, et encore omis partout en ligne de compte, 152 fr. par hectare. Ce capital se compose de propriétés immobilières, 42,430,600 fr. de propriétés mobilières, 120,413,815 fr. et de numéraire circulant, 2,354,000 fr.

Bases qui ont servi à fixer le prix de la culture à l'île Bourbon.

D'après ce tableau, le commerce des bestiaux pourrait être porté à 2,815,696 fr., somme que nous avons évaluée, d'après le temps voulu pour que tout animal soit de vente, savoir:

Produit des bestiaux.

| | | | | | |
|---|---|---|---|---|---|
| 1 | cheval tous les 5 ans, 200 fr. par an, | | | 40 f. | |
| 1 | bœuf | 3 | 100 | 33 | |
| 1 | vache | 3 | 50 | 16 | 104 f. |
| 1 | cochon | 2 | 10 | 5 | |
| 1 | chèvre | 2 | 10 | 5 | |
| 1 | mouton | 2 | 10 | 5 | |

Ce qui nous donne, par chacun des 27,074 individus, un produit de 104 fr., somme beaucoup plus que suffisante pour compenser les frais de sa nourriture et même ceux de celle d'une famille.

Nous devons faire ici l'observation que nous avons porté l'achat ou la vente des bestiaux beaucoup plus haut qu'ils n'ont lieu actuellement dans les marchés d'Alger, parce que leur augmentation serait une suite nécessaire des besoins des nouveaux établissemens, qui, nous ajouterons, trouveraient d'ailleurs un très-grand avantage à se livrer particulièrement à l'éducation des bestiaux, et surtout des chevaux, des bœufs et des moutons, pour les vendre non dans le pays, où ils sont à vil prix, mais en France, ce qui leur procurerait de fort grands bénéfices.

Il résulterait donc, en admettant que la végétation et la production fussent les mêmes sur le territoire d'Alger qu'à l'île Bourbon, et que les produits y fussent obtenus par des moyens aussi coûteux et aussi en retard des connaissances agricoles, que les bénéfices nets des exploitans d'une quantité de terre de cinquante-quatre mille cent quarante-huit hectares seraient encore de 7,339,044 fr., sur lesquels le gouvernement pourrait prélever à peu près un cinquième du revenu net, et en obtenir un impôt de 1,467,808 fr., ou 27 fr. 01 c. par hectare ; lequel impôt serait augmenté de six fois ce total, lorsque la totalité des plaines de Mitidjah, de Bonne et d'Oran serait en culture; ce qui présenterait alors un revenu net pour l'Etat de 8,806,848 fr., provenant seulement de la culture des terres; et cet impôt territorial augmenterait la somme qu'il produirait, en raison de l'augmentation des terres cultivées : d'où l'on peut conclure que les entrepreneurs, malgré cet impôt énorme de 20 p. 100, retireraient de leur mise de fonds de 750 fr. par hectare, ou de 1500 fr. par personne, formant un capital de 40,600,000 fr., un bénéfice net de 5,871,236 fr. ou 108 fr. par hectare, ou 216 fr. par individu, ou enfin plus de 40 p. 100 net de ce capital, lequel capital pourrait être diminué de près des deux tiers, puisque les frais portés pour l'établissement d'un seul individu suffiraient presque pour celui d'une famille entière ou de trois personnes; et alors les bénéfices augmenteraient de deux tiers, en raison de la plus grande diminution de ces premiers frais, et c'est ce but qu'il faudrait atteindre; mais, en outre, ils seraient encore augmentés chaque année par la valeur que la culture donnerait graduellement au fonds territorial, lequel serait vendu et réparti en des mains tierces au bout d'une vingtaine d'années; et par suite de ces ventes, on peut affirmer que le revenu monterait à plus de 50 p. 100, ce qui offrirait une immense supériorité sur les terres de France, qui ne produisent que 15 à 16 p. 100 brut, ou 4 p. 100 net, et même sur les terres d'Angleterre, où l'assolement bisannuel, qui est le plus profitable, ne rend que 21 p. 100, mais où, comme en France, les impôts, les taxes, les dîmes, les cotisations, les réparations du tenancier, les assurances et autres charges montent à plus de 33 p. 100.

*Culture à l'européenne.* Si, ne voulant pas s'en rapporter aux données d'un pays éloigné, on tenait à cultiver le riche sol de l'Afrique comme celui de France, on pourrait établir le calcul suivant : Supposons toujours cinquante-quatre mille cent quarante-huit hectares de terres à exploiter ; alors il ne faudra plus, en travaillant à la charrue, qu'un ouvrier pour cinq hectares, ou 10,425 ouvriers pour le tout, dont le salaire et la nourriture reviendront au plus à 4,472,325 fr. ; et il faudra émettre pour le transport et premiers frais d'établissement de ces 10,425 ouvriers, un capital de 15,637,500 fr. La culture des cinquante-quatre mille cent quarante-huit hectares, avec l'assolement trimestriel, qui est le plus désavantageux, présentera le résultat suivant :

Produit.

18,050 hectares en froment, rendant par an 1436 kilos ou 19 hectolitres chaque, en calculant comme en France pour les terres et années ordinaires, la moyenne de 12 à 24 hectolitres de 70 kilos, se vendant au plus bas prix 12 francs, ce qui fait 342,950 hectolitres, ou . . . 4,115,400 f.

|  |  |  |
|---|---|---|
| | 1,200 hectares en maïs, à 23 c. le kilo, rendant 3,188,000 kilos, ou . . . . . . . | 733,240 |
| | 1,200 hectares en pommes-de-terre, donnant 1,866,000 kilos, ou . . . . . . . | 559,800 |
| 18,048 | 529 hectares en haricots, rendant 354,700 kilos, ou . | 124,144 |
| | 979 hectares en jardinage . . | 249,600 |
| | 14,140 hectares en orge, seigle et autres céréales, rendant par hectare 19 hectolitres, au prix de 10f., 268,660 hect., ou. . . . . . . . | 2,686,600 |

18,050    en jachères et au repos, ou en prairies artificielles pour nourrir les bestiaux, ainsi que le
_____
54,148    produit des arbres . . . . . . 2,815,696

Total du produit . . 11,284,480 f.

Dépense.

Frais de solde et de nourriture des ouvriers . . . . . . . 4,472,325

Frais d'administration, de directeur, de percepteurs et autres, à 10 p. 100 du produit brut 10,103,161 fr. . 1,010,316     6,264,516 fr.

Intérêt à cinq pour cent des 15,637,500 francs, capital émis . . . . . . . . . . . 781,875
_____
5,019,964 fr.

Impôt à prélever à un quart du produit

*Report.* . . . 5,019,964 fr.

net, vu que cette culture est plus facile pour l'exploitant, et moins utile à la France que la culture des plantes tropicales . . . . . . . . . . . . . . . . :    1,429,991 fr.

ou en forçant le chiffre, comme dans l'autre culture, de 27 fr. 01 c. par hect.

Bénéfice net de la culture trimestrielle ,    3,589,973 fr.

**Bénéfices de la culture à l'européenne.** Ce bénéfice net est énorme pour les exploitans, puisqu'il offrirait, outre l'intérêt de 5 p. 100 du capital payé, un dividende de plus de 20 p. 100 net ; car le produit brut de l'hectare serait de 233 fr., et net de 80 fr., ou près de quatre fois autant que les années et les terres médiocres en France, et pourtant l'impôt territorial serait de 25 p. 100, mais ne serait jamais, il est vrai, aussi exagéré que chez nous, où cette charge monte à 33 p. 100.

**Impôt territorial en France.** En effet, sur les cinquante-quatre millions d'hectares de terre en France, il y en a onze millions sept cent cinquante mille en jachère, et dix-sept millions neuf cent cinquante-sept mille neuf cent quatre-vingt-quatorze en terres incultes, ou vingt-neuf millions sept cent sept mille neuf cent quarante-quatre ne produisant rien ; de sorte que l'impôt territorial de 289 millions de francs, auxquels il faut ajouter 300 millions d'intérêt du capital de 37 milliards réparti entre vingt‑quatre millions deux cent quatre‑vingt‑douze mille cinquante-six hectares, donne en France une somme de 23 fr. par hectare pour impôt foncier des terres cultivables, ou 10 fr. 90 c. par chacun des 54 millions d'hectares.

Les ventes des terres cultivées à Alger, qui, plus tard, viendront encore augmenter les bénéfices en produisant un capital immense, devront être une obligation, selon nous, pour les preneurs, afin d'établir dans ces contrées la division des terres et attacher au sol les colons qui se rendront acquéreurs; mais il serait dans l'intérêt des colons que ces ventes se fissent à commencer de la vingtième année de la jouissance; et chaque année il ne serait vendu qu'un vingtième du total des terres concédées, pour que les premiers exploitans puissent jouir pendant quarante ans de leur concession, ou en partie; et lorsque toutes les terres seraient ainsi passées en d'autres mains, le gouvernement verrait si l'impôt a besoin d'être modifié.

Vente forcée des terres cultivées à Alger.

Quoique nous admettions que chaque colon soit soldat, puisqu'il doit se fournir d'armes, et que tous dussent être organisés en gardes mobiles et disposés, au premier signal, à marcher contre les Arabes dans le cas où ils voudraient faire irruption dans la plaine, nous pensons qu'il

Besoin de la présence protectrice d'une armée.

serait utile de prélever, sur le produit de l'impôt territorial, les fonds nécessaires à la solde des troupes de ligne qu'il serait prudent de stationner sur le petit Atlas ou dans la plaine. Quant à la force de ces troupes, nous laissons aux gens de l'art le soin de l'indiquer; mais quelle que faible qu'elle soit, il est probable que l'impôt ne sera suffisant pour les solder que lorsque 100,000 hectares de terrain auront été mis en culture. Mais cet impôt prélevé sur la culture ne pourrait toutefois servir qu'à solder l'administration et les troupes de la campagne, laissant pour payer celles des villes les revenus des douanes, des octrois et des centimes additionnels. Du reste, il serait peut-être juste de faire servir une partie du surplus de ces divers impôts à la création des routes et à l'embellissement des villes.

Douanes.   Quant à l'article des douanes que nous venons de citer, il mériterait une attention particulière de la part du gouvernement, dans l'intérêt même de l'agriculture du pays; car il serait fort intéressant pour elle que ses produits fussent, dès à présent, admis en France comme ceux de la Corse, et que cette mesure fût surtout bien connue de nos compatriotes et des commerçans qui résident aujourd'hui à Alger.

Maintenant, quels seront les exploitans de ce

nouveau territoire? Nous l'avons déjà dit page 16; et nous répondrons de suite, malgré l'opinion de M. A***, que tous les peuples d'Europe y seront propres. En effet, si les Français, qui sont les plus sensibles à la fatigue, ont pu soutenir la chaleur sous le poids d'un travail continu, et finir par reprendre leur santé lorsque les fatigues ont cessé, il n'est pas douteux que les Allemands et les Suisses, qui sont les émigrans d'Europe portant leur industrie agricole chez l'étranger, pourront, comme en Amérique, s'habituer à la culture du nord de l'Afrique, et s'y acclimater assez facilement: car nous ne parlerons pas de l'importation des nègres par la traite; et périsse plutôt toute colonie, que d'assimiler plus long-temps nos semblables à la brute!

*Garanties du bon travail des colons.*

Si l'on pense être arrêté par la difficulté qu'il y aurait à maintenir la bonne harmonie entre les indigènes et les colons, elle ne serait pas ce que l'on croit. L'antipathie religieuse qui régnerait, de la part des Bédouins ou Arabes cultivateurs envers les nouveaux venus, serait nulle, dès que la liberté des cultes leur laisserait exercer à leur volonté la religion de Mahomet, que d'ailleurs la plupart de ces Bédouins ne connaissent que de nom, et en outre leur fanatisme ne les porte jamais à combattre le fort; nos agriculteurs n'auraient donc rien

*La haine actuelle des peuplades algériennes ne doit pas empêcher de coloniser.*

à craindre, tant que notre force armée y serait respectable; et pour l'être même aux yeux des indigènes, elle n'aurait pas besoin d'être bien nombreuse. Il en est de même des Maures : entièrement dégénérés, ils sont dorénavant condamnés à vivre sous une domination étrangère; et leur jalousie s'évanouirait peu à peu devant une civilisation qui satisferait leur avidité pour l'argent, passion aussi forte chez eux que parmi les Juifs.

La différence du langage n'est pas non plus un empêchement de colonisation.

La difficulté de s'entendre n'en est pas une, et la différence du langage n'a jamais arrêté la prospérité de la Pensylvanie, où l'Allemand, le Français, l'Anglais et l'Américain y parlent chacun leur langue maternelle. Et d'ailleurs les colons ne tarderaient pas, au bout de quelques années, à se trouver plus nombreux que les indigènes; de sorte que ni la haine de ces derniers, ni leur fanatisme, ni leur jalousie, ni leur différence de langage n'auraient le moindre inconvénient. Or, les habitans du pays n'étant pas dès maintenant assez nombreux pour cultiver le territoire algérien, il faudra donc y importer des étrangers, et y former définitivement une colonie ou département annexe comme celui de la Corse.

Preuves diverses des avantages des progrès de la culture à Alger.

Ce que nous venons d'avancer sur les résultats de la culture des terres des vallées et des coteaux,

au nord du petit Atlas, ne peut être contesté;
et il en serait de même de celles placées au nord
du grand Atlas. Cependant, si la possibilité de
ces cultures est avouée par M. A*** dans sa brochure sur les difficultés de coloniser Alger, il
n'en est pas de même des avantages que l'on en
pourrait retirer. Il soutient que l'on ne peut coloniser avec profit; mais comme une pareille asser-
tion, si l'on n'en démontrait la fausseté, devrait
nécessairement influencer la détermination que
doit prendre notre gouvernement sur l'adminis-
tion de ce pays, nous avons cru devoir d'abord
la prouver par des chiffres; maintenant, voyons
pas à pas jusqu'à quel point on peut croire un
auteur qui juge de loin, d'après quelques rela-
tions rarement exactes, et sans avoir été dans
la contrée dont il parle, et sur laquelle ont été
publiées tant de faussetés.

L'auteur tombant d'accord avec nous sur la
riche production du territoire algérien, nous n'a-
vons rien à lui répondre à ce sujet; mais nous
lui ferons observer que les grains de la nouvelle
colonie, qui serait regardée comme un ou plusieurs départemens annexes pareils à celui de la
Corse, et devrait jouir des mêmes avantages, seraient vendus avec bénéfice sur les marchés des
villes du midi, lorsque les grains de la Russie

ne pourraient pas même y être introduits ; car, sans être exclus de nos marchés par une prohibition, ils ne peuvent y être importés que lorsque la mercuriale des halles est montée à un taux assez élevé pour indiquer que certaines parties de la France ont besoin de grains étrangers. Or, les blés d'Alger, qui ne seraient pas plus des grains étrangers que ceux de la Corse, étant obtenus par une culture bien entendue, seraient donc toujours un produit fort avantageux et de bonne vente en France ; et si l'armée que l'on entretiendrait dans l'ancienne régence devait y faire monter le prix de cette denrée, il serait possible qu'elle offrît, dans sa vente sur les marchés du pays, un bénéfice assez considérable : et j'ajouterai que tout porte à croire que l'on obtiendrait à Alger des grains dont la vente se ferait même avec de grands bénéfices sur les marchés d'Alger au prix de 11 fr. 72 c., pareil à celui du marché d'Odessa, d'après sa mercuriale du 1er septembre 1830 ; par conséquent, les blés de la régence soutiendraient facilement la concurrence avec ceux du Nord.

Amélioration possible des céréales à Alger.

Les grains algériens sont aujourd'hui, il est vrai, maigres et petits. Mais pourquoi donc penser qu'ils ne s'amélioreraient pas par la culture ? Est-ce que de bonnes semences ne doivent plus donner de beaux produits? Hé bien, l'on importerait à Alger des semences de Russie et de France; et dès cet instant la qualité des grains y deviendrait pareille à celle de ceux de ces pays, car on ne peut objecter l'influence du terrain ou du climat, puisque dans beaucoup de contrées analogues on trouve des blés de belle et bonne qualité : ainsi les farines de la Nouvelle-Orléans sont des plus estimées.

Plus loin, M. A*** suppose que la culture des céréales pourrait bien être tellement abandonnée pour celle des denrées tropicales, si ces dernières présentaient aux agriculteurs de grands bénéfices, qu'il arrivât que le pays ne fournît plus aux habitans assez de grains pour les nourrir; de sorte que, dans un cas de guerre contre les Anglais, ils se trouveraient forcés de se rendre pour ne pas mourir de faim. Mais M. A***, probablement, a perdu de vue qu'il ne faut que deux hectolitres et demi de blé par an pour nourrir une personne, qu'il ne sera jamais difficile de réserver à la culture des céréales quelques milliers d'hectares de terre sur les millions qui composent l'étendue de l'ancienne régence, et qu'un hectare suffit pour nourrir de 5 à 6 personnes. Or, le territoire d'Alger n'étant pas borné comme celui de l'île Bourbon, que cite M. A***, il est certain que tout agriculteur, par instinct de sa propre conservation, commencera toujours dans sa culture par assurer son existence. D'ailleurs, rien ne serait plus facile, en faisant une cession de terrain, que d'imposer l'obligation à tout culti-vateur ayant plus d'un hectare à travailler, d'en-tretenir en céréales au moins un demi hectare par tête d'individus composant sa maison. Enfin, n'a-vons-nous pas vu que malgré le petit nombre de champs cultivés, et que malgré un blocus de trois ans, les Algériens ont vécu, et ont amassé pen-dant ce temps encore beaucoup de grains?

*Avantages des mou-tons et des laines.*

M. A*** déprécie les laines d'Alger, comme ne pouvant lutter en finesse avec celles de la Russie, qui se vendront toujours à un prix beau-coup plus bas. Cependant nous avons trouvé dans les campagnes d'Alger une race particulière de moutons fournissant des laines aussi fines que celle de nos mérinos, et à un prix qui les met à même de pouvoir assurément rivaliser avec celles de Russie, car le mouton, sa peau et la toison ne nous coûtaient que 1 fr. 25 c. à 2 fr. : et d'ailleurs il serait facile de perfectionner ces laines; car si des spéculateurs pareils à MM. Vassal et Pictet introduisaient en Barbarie des moutons de haute race, ils y réussiraient comme en Tauride, puis-qu'ils trouveraient la chaleur dans les vallées, et la fraîcheur et même le froid sur les montagnes.

Le même auteur ensuite prétend que l'ancienne régence d'Alger ne peut fournir des cuirs d'aussi bonne qualité et à aussi bon marché que les steppes de Buénos-Ayres et de la Russie, parce que, selon lui, « la Mauritanie, comme tous les « pays chauds, n'a que de mauvais pâturages, « surtout en été, » et parce que l'on y mange peu de viande. Mais à Buénos-Ayres, qu'il veut bien citer, on chasse les bœufs seulement pour leur peau et nullement pour leur viande, que l'on abandonne sur la place même où l'animal a été écorché; et certes il ne faut pas avoir vu les petits bœufs que nous prîmes sur les Arabes le 19 juin 1830, pour affirmer que les pâturages de la Mauritanie ne peuvent fournir de bons bestiaux. Nous sommes en droit d'affirmer qu'ils étaient d'excellente qualité; et le prix que plus tard nous les avons payés, prouve combien peu ils coûtent à nourrir, car les Bédouins nous vendaient 25 à 30 fr. un seul bœuf de 150 à 200 kilos. Il est probable que leur nourriture sera toujours peu coûteuse, puisque les montagnes, qui sont très-nombreuses, la leur fourniraient en tous les temps, lors même qu'elles seraient couvertes de forêts; de sorte qu'il est à présumer que les cuirs n'y reviendront pas à un prix plus élevé qu'à

Avantages du produit des cuirs.

Buénos-Ayres ou en Russie, pays auxquels nous en achetons pour 8 à 9 millions. Tâchons donc de ne plus porter cet argent à l'étranger ; et pour cela, protégeons nos éleveurs de bestiaux en France et à Alger.

*Besoin de propager la culture de l'olivier.* — Déjà l'olivier croît naturellement sur le territoire d'Alger ; mais on en retire de mauvaise huile, faute d'employer de bons moyens pour l'extraire : cependant, quand le cultivateur saura que la France a besoin par an de 15 à 16 millions d'huile qu'elle tire d'Italie ou d'Espagne, il ne craindra pas de planter des oliviers, et d'attendre une quinzaine d'années pour avoir part ensuite au partage des millions exportés de France pour l'achat de cette denrée. Ainsi en Normandie nous plantons bien des pommiers, et l'on est pareillement obligé d'attendre une quinzaine d'années avant d'en retirer des produits de quelque valeur.

*La cire est aussi un produit abondant.* — L'ancienne régence d'Alger ne fournit pas de la cire en aussi petite quantité que veut bien le dire M. A***, car nous y avons trouvé dans les magasins plus de sept cent mille quintaux de cette denrée, que le dey y avait fait amonceler pendant le blocus.

*Urgence d'encourager la production de la soie à Alger.* — La soie de la Mauritanie est de la plus belle qualité et des plus recherchées ; malheureusement, il y a peu de mûriers sur le territoire : cependant, M. A*** pense que le souffle du se-moûm, ainsi que les orages, doivent y faire périr les vers, et que le temps qu'il faut attendre pour qu'un mûrier puisse fournir des feuilles, empê-chera toujours les cultivateurs de se livrer à cette industrie. Nous ne partageons pas encore cette opinion, car les vers n'y sont pas sous le poids d'une mortalité aussi imminente ; ils y vi-vent, s'y reproduisent, donnent des belles soies dont on pourrait, en peu de temps, augmenter la quantité en propageant la culture du mûrier en prairie et du mûrier multitiges : alors Alger finirait bientôt par pouvoir nous fournir les 12 mil-lions de soies fortes que nous payons aux Italiens, et même une grande partie des 28 millions de soies ordinaires que nous achetons également à l'étranger.

Personne parmi nous n'ayant pu visiter les mines métalliques de l'ancienne régence, il se-rait inutile d'établir la moindre hypothèse sur le parti que l'on en pourrait retirer, seulement nous dirons qu'il est probable que le fer des monta-gnes de Bugie, de Doui et de Zickar exploité par les Kabaïles, au moyen de forges catalanes, est de bonne qualité, si toutefois, comme on nous l'a assuré sur les lieux, les canons des fusils des

Algériens en ont été fabriqués dans les environs de Titterie et de Constantine. Il est, à la vérité, malheureux que l'on ne puisse dès aujourd'hui faire venir à peu de frais jusque sur le littoral ces fers, ou même les autres substances minérales des montagnes de Boni-Boutaleb, d'Ouannasseris et de Témécen. Mais dès que la culture envahira la plaine, le besoin de communications fera ouvrir des routes, et alors l'espace entre la mer et les Atlas sera parcouru à peu de frais, en fort peu de temps et avec facilité, et peut-être ces fers, grâce à leur qualité, viendront-ils en France soutenir avec avantage la concurrence contre ceux de la Suède, dont nous ne pourrons nous passer, tant que nos usines ne nous en fourniront pas suffisamment d'une pareille qualité.

Denrées coloniales.

Les denrées coloniales pouvant toutes être obtenues dans les contrées où le thermomètre ne baissera pas à plus de 19 degrés de chaleur, il est certain que dans la Régence, où il monte jusqu'à 41 degrés trois quarts au bord de la mer, il sera possible de toutes les cultiver.

Avantages de la culture de la canne à sucre.

La canne à sucre y viendra donc, et quoique puisse en dire M. A***, le sucre qu'elle produira ne coûtera pas plus cher à Alger qu'à la Havanne et à l'île Bourbon, puisque la journée du colon n'y sera guère payée plus de 1 fr. 25 c., c'est-à-dire à peu près le même prix que la journée du nè-gre, et, en outre, nos procédés et nos moyens mécaniques d'Europe étant supérieurs à ceux des colonies, et le frêt du transport du sucre algérien jusque sur les marchés d'Europe n'étant pas aussi coûteux que celui des Antilles, de l'île Bourbon et des Grandes-Indes, il en résultera qu'il pourra s'y rendre à meilleur compte, et fournir de grands bénéfices aux cultivateurs. Alors le con-sommateur ne sera plus sous le joug des produc-teurs de denrées coloniales venant de contrées qui coûtent des sommes immenses à la France, et qu'elles ne garde que pour avoir des ports de refuge sur divers points maritimes éloignés de la métropole. Ce serait même un point de politique à examiner, si, plutôt que de les garder, il n'y aurait pas autant de sécurité, et plus d'économie, à livrer les colonies à elles-mêmes sous un pro-tectorat, et sous la foi d'un traité de commerce qui nous garantirait l'entrée de leurs ports.

Mais jusqu'à ce que les fabriques de sucre de betteraves soient devenues en France un auxi-liaire de la petite culture, de même que les pres-soirs à cidre, et soient capables de fournir tout le sucre dont on a besoin, montant à présent à 3 liv. et demi par tête, dont un tiers de sucre de bet-teraves, nous pensons que les sucreries d'Alger auraient à recueillir de grands bénéfices, et comme il est probable que la consommation croîtrait en raison de la diminution du prix des produits, peut-être finirions-nous par consommer vingt-cinq liv. de sucre par tête comme en Angleterre, ou même trente liv. comme aux Etats-Unis.

Produit des plantes de caféyers.

Pourquoi donc M. A*** veut-il que la main-d'œuvre et l'administration dussent être plus chers à Alger qu'aux Antilles pour obtenir deux à trois livres de café par arbre comme sous les tropiques; mais sans prétendre qu'il n'y revînt qu'à 10 sous la livre comme celui de l'Yemen à Moka, supposons qu'il y coûterait 1 fr. 50 c., et qu'il pût être vendu, franc de droits, 2 fr. à Marseille, quel est celui de tous les autres pays qui pourrait lutter contre le café de la Régence? Nous ajouterons, en outre, que le cultivateur donnant au terrain les plantes qui lui conviennent, réservera les caféyers pour les collines, où la canne ne pourrait végéter avec avantage.

Espérances que présente la culture du coton.

Les diverses plantes produisant le coton, réussiraient assurément à Alger; M. A*** avoue même que l'on en récolte un peu sur quelques points de la Régence, et entre autres, dans la plaine d'Habrah, dans la direction d'Alger à Oran. L'auteur ne hasardant contre cette culture que la cherté de la main-d'œuvre, nous répondrons que si les cotons de la Régence doivent coûter plus cher que ceux d'Egypte, parce que le pacha paye fort peu les bras dont il dispose en despote, il est cependant certain qu'ils seront moins chers que ceux des Etats-Unis.

Maintenant que nous croyons avoir prouvé le peu de force des argumens de M. A*** contre les résultats de l'agriculture d'Alger, faisons remarquer que cet auteur, tout en ne voulant pas de colonisation, et en cherchant à détruire l'espoir de tout colon, prouve à la fin de son ouvrage, page 77, que si l'on en fait une province française cultivée par des indigènes, qu'il a démontré ne pas être assez nombreux pour y réussir, il est certain que nous recevrions ces denrées coloniales sans *concurrence* à 20 ou 30 pour cent au-dessous du prix auxquels nous les acheterions en Egypte. Dès lors, par suite de cette contradiction, il est permis de croire qu'avec la plus stricte économie, le colon comme l'indigène, pourra cultiver le sol d'Alger avec bénéfice et avantage pour la France, puisqu'il obtiendra des produits que leur qualité fera toujours rechercher en Europe.

Après avoir levé toutes les craintes que M. A*** Question politique. pourrait avoir fait naître sur les résultats des cultures, abordons la question politique. D'abord, si, comme nous devons l'espérer, malgré les bruits dernièrement répandus dans Paris, nous gardons la place d'Alger, il nous faut une colonie. Quant à l'idée de l'abandonner en détruisant les fortifications et en comblant le port, c'est vouloir inspirer un acte de barbarie qui coûterait plus de millions à exécuter qu'il n'en faudrait pour fonder la colonie. L'auteur assurément ne connaît pas Alger. Mais supposons que les Anglais veuillent nous disputer ou détruire à coups de canons la colonie d'Alger. Ignore-t-on que l'Angleterre ni aucune autre puissance ne peut plus rien sur notre volonté, depuis le jour que le premier Français monta sur le fort de l'Empereur? Ignore-t-on que la côte à présent est inabordable et la ville imprenable tant qu'elles seront défendues par des Européens? Ignore-t-on, en outre, que le pays peut fournir déjà des vivres pour nourrir notre armée, et que cette armée, là où elle est, peut défendre l'entrée de l'ancienne Régence contre des forces immenses de terre et de mer? D'ailleurs, l'Angleterre doit avant tout chercher à calmer l'inquiétude sourde qui l'agite, et certes, elle restera notre alliée tant que notre but sera de faire fuir la barbarie, et de la remplacer par la civilisation.

Opinion de M. Vol-    Enfin, pour donner plus de poids à notre opinion sur la question politique de savoir si nous devons garder Alger, nous invoquerons celle manifestée dans un rapport par M. Volland, intendant-général de l'armée d'Afrique, et dont on ne contestera pas les talens administratifs. Nous dirons donc avec lui, que si nous abandonnions notre conquête, elle retournerait nécessairement à une puissance ennemie ou rivale, et que les conséquences d'un tel abandon auraient les plus terribles résultats. En effet, outre la perte des avantages qu'il nous serait permis d'espérer obtenir par la suite dans ce pays, notre départ laisserait un peuple barbare livré à la plus affreuse anarchie, qui se terminerait par une usurpation et par le despotisme turc, puis ensuite par les fureurs, les pirateries et les brigandages. Enfin, comme le dit M. Volland, la France pour éviter de si grands maux, doit rester, même malgré elle, fidèle à sa conquête; il y va de sa dignité, et elle n'est pas plus maîtresse de l'abandonner que de la céder, autrement elle encourerait le blâme de ses concitoyens et de la postérité; et nous-même nous ajouterons hardiment que le ministre qui, par une compensation politique quelconque, au lieu de céder l'île Bourbon ou toute autre colonie, signerait aujourd'hui la cession d'Alger à une puissance étrangère, ne serait pas pardonnable, par suite des hautes considérations d'utilité et d'humanité que nous venons de développer.



Quant à sa colonisation, ajoute cet administrateur, c'est une nécessité, tant pour contenir la population indigène, que parce qu'elle produirait les plus grands avantages à la France; une telle colonie ne peut être comparée à celles des deux Indes, car la population de ces dernières étant composée d'élémens indigènes et exotiques, ayant des intérêts opposés, et qu'il est difficile de régir par une loi commune et sans de grands frais que rien ne peut comparer, il serait plus profitable à la France, si elle n'y tenait par honneur pour l'intégrité de son territoire, de les abandonner que de les retenir péniblement et à force de sacrifices; au contraire, tout est en faveur de la terre d'Afrique : un beau climat, plus tempéré et moins variable qu'aucun des climats du Midi, un ciel magnifique, un sol d'une immense étendue, fécond au-delà de toute espérance, promettant de rendre au centuple ce qu'il recevra, appartenant au premier occupant, pouvant être concédé à l'industrie sans spoliation, propre à toutes les productions, et particulièrement aux productions coloniales, à portée, et, pour ainsi dire, dans les eaux de la métropole. D'après de pareils avantages, il résulte qu'une telle colonie réunissant à elle seule toutes ces conditions de prospérité, ne pourrait manquer, en moins de dix ans, d'indemniser les avances des premiers frais d'établissement.

M. Volland est aussi de notre avis sur les inquiétudes que la nouvelle colonie pourrait avoir des indigènes : elles sont illusoires, suivant lui; car l'appât du gain maintiendra toujours les Maures et les Juifs, ainsi que les Arabes nomades, qui ne seront pas long-temps insensibles aux bienfaits de la civilisation et de l'industrie. Il ajoute ensuite, et nous pensons comme lui, que la manière de les contenir en toute sûreté, serait d'avancer dans l'intérieur des terres, de proche en proche, et de refouler par un mouvement progressif cette population nomade, au moyen de la protection permanente et habituelle d'une force militaire qui prédominerait sur toute chose. Mais cette prise de possession, dit-il, ne serait pas sans difficultés; elle demande beaucoup de tact, de suite et de persévérance, et exige que nous imitions les Anglais donnant des pouvoirs de sept ans aux chefs de leurs gouvernemens lointains, afin que les mêmes doctrines s'y perpétuent et forment des traditions respectées et inaltérables, sur lesquelles repose la puissance. Il serait difficile, suivant cet administrateur, d'initier peu à peu ce peuple grossier dans nos idées d'ordre et de justice, sans que l'autorité administrative résidât toute entière dans un chef militaire, afin qu'il pût tour à tour user des moyens de force et de persuasion. Nous avouerons que nous ne partageons pas cette manière de voir du savant administrateur des armées de Morée et d'Afrique : elle est tant soit peu trop orientale. Le militaire est déjà naturellement assez porté au despotisme de sa seule volonté ; et tout en rendant justice au mérite et aux intentions d'équité du général Clausel, nous dirons qu'il peut venir à être remplacé par un autre chef d'un tout autre caractère. Alors, il est facile de juger des graves inconvéniens pouvant résulter d'un tel système : qui sait même s'il n'en profiterait pas pour se rendre bientôt indépendant ? Nous pensons donc qu'il serait beaucoup plus prudent d'attacher auprès du chef militaire, dès que les travaux de colonisation commenceraient, un conseil d'administration dont il serait le pouvoir exécutif, et qui pourrait, quand le besoin l'exigerait, l'investir des pouvoirs immenses de la dictature, sauf, plus tard, à faire rectifier cette mesure par le gouvernement de la métropole.

*Moyens de colonisation.* — Mais, comme il est impossible qu'au commencement de cette colonisation, on livre à eux-mêmes des cultivateurs isolés, à moins que ce ne soient les indigènes déjà établis, et qui devront être assujettis aux mêmes impôts que les colons, il faudra donc céder l'exploitation des terres *incultes seulement* à des compagnies présentant des réunions de capitaux permettant de faire marcher de front tous les travaux, quoique divisés, lesquels produiront ensemble et se soutiendront mutuellement : ainsi, les récoltes propres à la nourriture feront attendre les bestiaux ; et ceux-ci, plus tard, ajoutés à celles-là, feront prendre patience jusqu'à l'instant où l'on jouira des produits coloniaux ; et alors, c'est-à-dire vers la septième année, les rentrées seront immenses.

Je viens de dire, et avec dessein, qu'il fallait livrer ces terres à des compagnies, car j'ajoute et *non à une seule,* afin d'éviter une grande compagnie monopolisante. Déjà l'on a parlé d'en créer une pour la colonisation de toute l'Afrique : ce serait, suivant nous, le plus grand des malheurs, puisque la masse toute entière des denrées que cette compagnie cultiverait se trouvant dans une seule main, quoique collective, serait sous le poids d'une seule volonté, et exposée à un monopole semblable à celui exercé encore aujourd'hui par Mehemet-Ali en Egypte, ou par la compagnie des Indes en Angleterre ; de sorte que le commerce français, qui acheterait au comptoir d'Alger, serait victime d'un nouveau monopole.



Je pense donc qu'il est de la plus haute importance d'éviter un malheur auquel M. le général Clausel n'aura pas fait attention, s'étant sans doute trouvé absorbé par l'idée fixe d'obtenir un moyen pour coloniser le pays qu'il commande. Mais, pour arriver à ce but honorable et utile de la colonisation, sans jeter une juste inquiétude dans le commerce français, je crois que le plus simple serait d'offrir des concessions gratuites de terres *incultes et non occupées par les indigènes,* d'une étendue déterminée dans des localités spécifiées, à des compagnies qui, tout en se soumettant aux conditions qu'on leur imposerait, offriraient au gouvernement et le plus de garanties et le plus d'avantages, sans oublier surtout la clause expresse dont nous avons déjà parlé, qu'au bout d'un certain nombre d'années, par exemple vingt ans, toute compagnie devra commencer à mettre en vente à l'enchère, par morceaux au plus de cinq à six hectares, les terres en pleine culture. Je sais que l'on me fera l'objection qu'il sera peut-être difficile de trouver plusieurs compagnies : mais on peut se rassurer ; car, dès qu'une entreprise montre les moindres

chances de succès, il se présente toujours assez
de capitalistes, et même quelquefois il s'en présente beaucoup trop.

Alors, et même dès l'origine, la concurrence
existera entre ces compagnies, afin d'obtenir au
meilleur compte possible les produits qu'elles
devront exposer en vente sur les marchés d'Alger, de Bonne et d'Oran; une réunion suffisamment forte pour l'exploitation d'une partie du
pays sera assurée, ainsi que la division des terres,
si précieuse pour le maintien de la bonne culture d'une contrée et le monopole, cet ennemi
terrible de tout commerce, aura été heureuse-
ment évité.

Ces dernières considérations, ainsi que la voix
d'un des hommes d'Etat que j'honore le plus,
m'ayant entraîné à rédiger cette Notice, je désire
qu'elle puisse contribuer à faire rejeter une mesure désastreuse, et à faire comprendre au gouvernement que si l'on se décide à coloniser l'A-
frique, comme c'est à désirer, il faut que l'Etat
et le commerce y trouvent leur avantage, sans
qu'un nouveau monopole favorise l'un aux dé-
pens de l'autre.

Enfin, pour terminer ce travail, je résume donc
mes réponses, et je dis :

1° Oui, l'on peut se rendre maître d'une partie

suffisamment importante du territoire d'Alger ;

2° Oui, l'on peut s'établir sans danger dans la partie de ce territoire dont on prendra possession, et la coloniser avec la plupart des végétaux d'Europe et d'Amérique ;

3° Oui, l'on peut espérer coloniser utilement ce territoire, et tout porte à croire que les entrepreneurs de cette colonisation ne tarderaient pas à obtenir un intérêt et un capital qu'une bonne administration et une bonne culture augmenteraient journellement.

Mais, comme nous ne voulons pas que nos paroles puissent servir de prétextes à de fausses spéculations, nous prévenons que la raison et la prudence commandent de ne commencer tous travaux de colonisation sur le territoire d'Alger, qu'à l'instant où le gouvernement français aura fait connaître officiellement que toute sécurité et protection sont dorénavant assurées aux colons.

J. ODOLANT-DESNOS.

FIN.

PARIS, IMPRIMERIE DE G. A. DENTU,
rue du Colombier, n° 21.